THiLO

OSTWIND

Mikas großer Auftritt

Basierend auf Figuren und Fabel von
Lea Schmidbauer und
Kristina Magdalena Henn

In der OSTWIND-Reihe für Erstleser sind bereits erschienen:

OSTWIND – Für immer Freunde
OSTWIND – Die rettende Idee
OSTWIND – Das Turnier
OSTWIND – Weihnachten auf Kaltenbach
OSTWIND – Mikas großer Auftritt
OSTWIND – Eine zauberhafte Begegnung

Dieses Buch wurde auf chlorfrei
gebleichtem Papier gedruckt.

1. Auflage
© und TM 2020 Alias Entertainment GmbH
© Ostwind Filme SamFilm GmbH
Alle Rechte vorbehalten.
Lektorat & Projektmanagement: Simone Hennig
Satz: fuxbux, Berlin
Umschlaggestaltung: tatendrang
Illustrationen: comicup
Druck: GGP Media GmbH, Pößneck
ISBN 978-3-940919-34-2
Printed in Germany

Inhalt

Mika und Ostwind sind mehr
als Pferd und Reiterin:
Die beiden sind Seelen-Verwandte.
Mika kann verstehen,
was Ostwind fühlt.
Und der wilde Ostwind spürt,
was in Mika vorgeht.
Es ist eine magische Verbindung!

Maria Kaltenbach ist Mikas Oma.
Sie war früher eine der besten
Springreiterinnen der Welt.
Doch nach einem Unfall
kann sie heute nicht mehr reiten.
Nun ist sie Trainerin.
Ihr gehört Gut Kaltenbach,
wo Mika immer ihre Ferien verbringt.

Sam ist Stallbursche
auf Gut Kaltenbach.
Er verspricht seiner Chefin
Maria Kaltenbach,
sich um Mika zu kümmern.
Sam ist ein feiner Kerl,
auf den Mika sich immer
verlassen kann.

Herr Kaan kennt sich sehr gut
mit Pferden aus.
Früher ist er Trainer
auf Gut Kaltenbach gewesen.
Doch dann hat es Streit
mit Mikas Oma gegeben.
Herr Kaan ist der Opa von Sam.
Er wohnt in einem alten Bauwagen.

1. Was ist hier los?

Der Zug hielt
an dem winzigen Bahnhof.
Mika war zurück in der Pampa.
So hatte sie die Gegend
bei ihrem ersten Besuch genannt.

Doch heute wusste sie es besser.
Das hier war ein Paradies!

Sam war nirgends zu sehen.
Also machte Mika sich alleine
auf den Weg zum Gut.

Als ein Trecker sie überholte,
sprang Mika auf.
Sie legte sich in den
mit Heu gefüllten Anhänger.

Am Himmel flogen die Wolken vorbei.
Freiheit!, dachte Mika.

Jetzt fehlte ihr nur noch eins
zum Glück: ein Pferd.
Doch natürlich nicht irgendein Pferd.
Es musste das tollste, klügste
und schönste Pferd der Welt sein.

Da erklang ein Schnauben.
Mika lachte.
Ihr Wunsch war
in Erfüllung gegangen!
Ein schwarzer Hengst galoppierte
neben dem Trecker her.

„Ostwind!", rief Mika.
Sofort wurde ihr Herz
von Sehnsucht ergriffen.
Sie sprang über den Zaun.
Auf der Koppel warf Mika
ihre Arme um Ostwinds Hals.

Ostwind schnaubte.
Auch er war glücklich,
das spürte Mika.
Wie hatte sie die Wochen ohne ihn
nur ausgehalten?

2. Alles in bester Ordnung

Lange tollte Mika
mit Ostwind
auf der Koppel herum.
Es gab so viel nachzuholen.
Schließlich lief sie
aber doch zum Gut Kaltenbach.

Maria Kaltenbach stand
vor einem Pferdeanhänger.
Ein Mädchen führte gerade
ihr Pferd hinein.

Mikas Oma begrüßte ihre Enkelin
nur kurz.
Dann fragte sie die Reit-Schülerin:
„Willst du mit deinem Pferd
nicht doch hierbleiben?"

„Es tut mir leid,
Frau Kaltenbach",
antwortete die Reiterin.
„Auf dem Sasse-Hof
haben sie Flutlicht."

Entrüstet humpelte
Maria Kaltenbach davon.
Wenigstens Sam
begrüßte Mika herzlich.

„Wo sind denn eigentlich alle?",
fragte Mika Sam.
Was sie sah,
gefiel ihr gar nicht:
Es waren keine Schülerinnen mehr
auf dem Hof.
Auch die Boxen
waren leer.

„Die reiten jetzt alle
bei Sasse im Leistungszentrum",
erklärte Sam.
Er rollte mit den Augen.

Mika bekam
ein merkwürdiges Gefühl.
Doch beim Abendessen versicherte
Maria Kaltenbach ihr:
„Es ist alles in bester Ordnung."

3. Zwei Wochen Zeit

Am nächsten Morgen
gab es eine schöne Überraschung.
Mikas beste Freundin Fanny
tauchte auf dem Gut auf.

Gemeinsam mit Sam
kletterten sie auf den Heuboden.
Hier konnte man einfach
am besten chillen und quatschen.

Aber plötzlich kam Mikas Oma
mit zwei feinen Herren in den Stall.
„Ich brauche doch nur
eine kleine Verlängerung
für den Kredit",
bat Maria Kaltenbach die Männer.

Die Herren mussten
von der Bank sein!
Beide schüttelten den Kopf.
„Was ist mit diesem Wunderpferd,
das Sie gekauft haben?",
fragte der ältere Mann.

„Ja, dieser Südwind.
Für den haben Sie doch
eine Viertelmillion Euro bezahlt!",
wusste auch der jüngere Banker.
„Können Sie den nicht verkaufen?"

„Es muss einen anderen Weg
geben!
In ein paar Monaten
bekommen Sie das Geld!",
bettelte Maria Kaltenbach
verzweifelt.

Aber es war sinnlos.
„Wenn das Geld in zwei Wochen
nicht da ist,
wird Gut Kaltenbach verkauft",
drohte der ältere Banker.
Dann gingen die Männer
vom Hof.

4. Die Wahrheit über das Gut

Mika saß auf dem Heuboden
und war geschockt!

„Das wird dann wohl
unser letzter Sommer
auf Kaltenbach",
stammelte Sam.

„Und was wird aus Ostwind?",
fragte sich Mika.

Da rastete Sam aus.
„Ostwind, immer nur Ostwind!",
schnaubte er.
„Mein Opa und ich
verlieren unser Zuhause!"

Sam warf ein Büschel Heu
gegen die Wand.

„Dabei könntest du
das Gut retten, Mika!",
redete er weiter.
„Wenn du mit ihm
trainieren würdest.
Ostwind ist ein Weltklasse-Pferd!"

Wütend kletterte Sam
in den Stall hinunter.
Fanny versuchte
Mika zu trösten.
Doch es gelang ihr nicht.

Mika lief zu ihrer Oma.
Sie wollte nun
die Wahrheit hören.

Und Maria Kaltenbach
gab es endlich zu.
„Es gibt keine Hoffnung mehr",
sagte sie leise.
„Gut Kaltenbach steht
kurz vor dem Ruin."

5. Preisgeld: 50.000 Euro

Sam, Fanny und Mika
hockten vor dem Bauwagen.

Herr Kaan packte bereits
seine Sachen zusammen.
Wenn das Gut
verkauft werden würde,
musste er sein geliebtes Zuhause
verlassen.

„Irgendwie wird man ja wohl
an Geld kommen können!",
rief Fanny aufgeregt.
„Wie wär's mit einem Banküberfall?"
Sam sah sie entsetzt an.

„Keine Sorge, Stallbursche",
meinte Fanny lachend.
„War nur ein Scherz."

Fanny überlegte kurz.
„Oder du nimmst mit Ostwind
an den *Sasse Classics* teil“,
sagte sie dann zu Mika.
„Es gibt 50.000 Euro Preisgeld.“

Mika biss sich auf die Lippen.
Sie hatte Ostwind versprochen,
nie wieder mit ihm
ein Turnier zu reiten.

„Das letzte Mal bist du geritten,
um Ostwind zu helfen",
erinnerte Fanny ihre Freundin.
„Glaubst du nicht,
er würde für dich dasselbe tun?"

6. *Norbert* weiß Rat

Mika stand bei Ostwind
auf der Koppel.
„Was meinst du zu Fannys Idee,
mein Süßer?“,
fragte sie den Hengst.
Sie legte ihren Kopf an seinen Hals.

Doch heute hatte Mika
kein klares Gefühl dafür,
was in Ostwind vorging.
Sie musste alleine
entscheiden.

„Springreiten würde ja
vielleicht klappen",
sagte sie zu Sam und Fanny.
„Aber das hier ist
ein Dressur-Wettkampf.
Davon haben Ostwind und ich
doch keine Ahnung!"

„Kein Problem,
Norbert wird uns helfen!",
sagte Fanny grinsend.
Sam und Mika schauten sie
fragend an.

Da zog Fanny ihr Tablet
aus der Tasche.
„*Norbert* weiß einfach alles!"

Sam, Mika und Fanny
setzten sich in den Bauwagen.
Stundenlang sahen sie sich nun
Videos über Dressur-Reiten an.
Doch das half Mika auch nicht.

Draußen packte Herr Kaan
weiter seine Sachen.
Fanny ging zu ihm.

„Warum geben Sie so schnell auf?",
fragte sie Sams Opa.
„Mika braucht jetzt Freunde.
Besonders einen,
der ihr Dressur-Reiten
beibringen kann."

Herr Kaan streichelte
das geschnitzte Pferd
in seinen Händen.
Er dachte nach.

7. Alle zusammen

Eine halbe Stunde später
saß Mika auf Ostwind.
Beide starrten Herrn Kaan an.
Fanny hatte ihn überzeugt.

Nun trippelte Sams Opa
in kleinen Schritten
über den Reitplatz.

„Piaffe!", rief er.
Ostwind gab sich große Mühe,
diese Figur hinzubekommen.

Dann stolzierte Herr Kaan
wie ein Storch vorwärts.
„Passage!", rief er sein Kommando.
Wieder versuchten
Mika und Ostwind
ihn nachzumachen.

33

In der Pause brachte
Sam dem Hengst
das beste Futter.

Und abends im Bett
zeigte Fanny auf *Norbert*
Filme der besten Dressur-Reiter.

So ging es vierzehn Tage lang.
Mika gab wirklich alles.
Manchmal fiel sie
vor Erschöpfung
beinahe vom Pferd.

Ostwind und sie
machten Fortschritte, ja.
Aber würde es wirklich
für den Sieg
beim Turnier reichen?

„Mach es einfach
auf deine Art",
schlug Herr Kaan Mika
am letzten Tag vor.

8. Aus und vorbei!

Dann war der Tag
des Turniers gekommen.
Mika fühlte sich
mehr als unwohl.

Ostwind war gesattelt.
Sie selbst trug Zylinder und Frack …
und eine Gerte!

Dabei hatte Mika
es Ostwind damals
ganz fest versprochen:
*Nie wieder reiten wir
ein Turnier.*

Und nun war sie dabei,
dieses Versprechen zu brechen.

Konnte sie das Ostwind antun?
Fanny reichte ihrer Freundin
die Trense.
Mika hielt das Metall in der Hand
und zögerte.

Sie spürte,
dass das nicht das Richtige
für Ostwind war.

„Wir bitten die letzten
drei Reiterinnen
an den Start",
hallte es da
aus den Lautsprechern.

Jetzt wurde es ernst.
Vor Mika war ausgerechnet
Michelle dran.
Die Zicke hatte ihr schon
das letzte Turnier verdorben.

Als Michelles Musik erklang,
zuckte Fanny zusammen.
Genau dieses Lied
hatten auch sie ausgesucht!
„Okay, das war's dann",
rief Fanny geschockt.
„Aus und vorbei!"

9. Auf Mikas Art

Fanny knipste *Norbert* aus.
„Komm, lass uns abhauen …",
sagte sie zu Mika.
„Wir haben keine Chance!"

Doch zum ersten Mal
seit zwei Wochen
lächelte Mika.
„Keine Chance?
Dann nutzen wir die!",
antwortete sie kämpferisch.

Die Worte von Herrn Kaan
klangen ihr im Kopf nach:
Mach es einfach
auf deine Art.
Genau das hatte Mika jetzt vor!

Drei Minuten später
verkündete der Turnierleiter:
„Die nächste Reiterin
startet für Gut Kaltenbach!"

Maria Kaltenbach
wirkte äußerst überrascht.
Sie hatte von Mikas Training
gar nichts mitbekommen.
Auch Sam war da
und drückte die Daumen.

Doch was dann passierte,
hatte noch keiner der Zuschauer
jemals erlebt.

Die Reiterin kam
ohne Sattel und Trense
auf den Parcours!

Als wäre das nicht genug,
erklang auch noch
ein Disco-Song!
Fanny hatte das Lied
noch schnell getauscht.

Mika stand auf dem Platz
und atmete tief durch.
„Komm, Ostwind",
sagte sie leise.
„Denen zeigen wir's!"

10. Perfekte Harmonie

Alle drei Schiedsrichter
rümpften die Nasen.
Mit der Musik
und ohne Sattel und Trense
hatte diese Mika Schwarz
keine Chance!
Doch mehr und mehr
fingen sie an zu staunen.

Das Pferd und die Reiterin
bewegten sich
in perfekter Harmonie!
Als könnten sie einander
die Gedanken lesen!

Auch den Zuschauern
standen die Münder offen.
Drei Minuten lang
hielten alle den Atem an.

Kaum war die Musik aus,
jubelte die Menge los.
Auch die Schiedsrichter klatschten.
Alle drei gaben eine 10,0.
Das war die Höchstnote!

Maria Kaltenbach
wollte Mika gratulieren.
Zuerst kam sie gar nicht
durch die Menschen-Menge.
Von überallher kamen Leute,
die sie beglückwünschen wollten.

Da entdeckte Mikas Oma
die Herren von der Bank.
„Sie können sich
ein anderes Pferd suchen!",
rief sie den beiden zu.
„Ostwind ist nicht zu verkaufen!"

Mika war überglücklich.
Mit den 50.000 Euro Preisgeld
war Gut Kaltenbach gerettet!
Und Ostwind auch.
Das hatten Ostwind und sie
sehr gut gemacht!

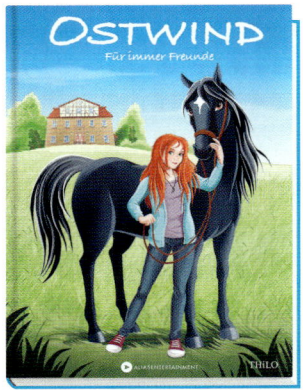